中国最具代表性书法作品

石门颂

主编 张海

依据教育部《中小学书法教育指导纲要》（欣赏作品推荐）编写

河南美术出版社

图书在版编目（CIP）数据

中国最具代表性书法作品·石门颂/张海主编． —郑州：河南美术出版社，2013.8
ISBN 978-7-5401-2681-0

Ⅰ．①中…　Ⅱ．①张…　Ⅲ．①隶书—碑帖—中国—东汉时代　Ⅳ．①G634.955.3

中国版本图书馆CIP数据核字（2013）第197831号

中国最具代表性书法作品

石门颂

主　　编　张　海
责任编辑　白立献　梁德水　樊　星
责任校对　敖敬华　李　娟
装帧设计　孙　康　张国友
出版发行　河南美术出版社
地　　址　郑州市经五路66号　邮编：450002
电　　话　(0371) 65727637
制　　作　河南金鼎美术设计制作有限公司
印　　刷　河南新华印刷集团有限公司
开　　本　889mm×1194mm　1/16
印　　张　5.75
印　　数　0001-4000册
版　　次　2013年8月第1版
印　　次　2014年5月第1次印刷
书　　号　ISBN 978-7-5401-2681-0
定　　价　37.00元

野鹤闲鸥　疏秀开张

——《石门颂》书法艺术欣赏

　　篆书发展到汉代已失去了它作为正体的历史地位，取而代之的是一种新的书体——隶书。隶书的形成与演变过程我们且不去述说，但它在文字学与书法史上的地位是不容忽视的。首先它从汉字构造上冲破了"六书"（文字学上六种造字与用字方法）的本意，泯灭了小篆中残存的一点象形文字的意味。其次，隶书的潇洒开放和反拘束是一种开放的典型，中规中矩、一丝不苟、恭恭敬敬的秦篆变成了轻松活泼、挥洒自如的抒写，反映了人们寻求解脱的渴望。隶书成为汉字书法发展史上和中国文化史上划时代的伟大变革，正是在汉代大文化背景的土壤里生长、结果的。

《开通褒斜道刻石》（局部）

　　我们通常所说的隶书主要指汉代的隶书，也称汉隶。汉隶多是刻在石上的隶书，它主要有两种形制。一种是刻在碑碣上的碑书，主要给逝者或活着的人纪功、表忠、倡孝、嘉贤等，目的是为封建统治阶级歌功颂德，以流传后世。所以碑文要请名家撰文，书法家来书写，书丹严谨慎重、一丝不苟，石碑打磨也比较光平。我们今天所看到汉碑上的隶书，书写是比较严谨规整的，大多有庙堂之气，像《乙瑛碑》《礼器碑》《史晨碑》《曹全碑》等。另一种是刻在山崖石壁上的，我们称为摩崖刻石，它也是为歌功颂德而存在的。古代官吏修路架桥、凿山治水、建城缮庙，被认为是功德无量的大好事，一方百姓为之大歌颂词，刻碑记事似乎

《杨淮表记》（局部）

还不够隆重，于是把官吏们的业绩凿之名山石壁，以期与日月同辉。因为是刻凿在摩崖石壁上的，不比在平整的碑石上刻凿方便，还要顺应崖面的凹凸不平，因势而刻。所以，摩崖书大多大小不一、行列不齐、参差变化、天真烂漫，像《开通褒斜道刻石》《杨淮表记》《石门颂》等。

《石门颂》又称《杨孟文碑》，全称《故司隶校尉楗为杨君颂》。东汉桓帝建和二年（148）镌刻在今陕西省汉中市堡城镇东北褒斜谷古石门隧道的西壁上，刻写面高261厘米，宽205厘米。刻石由汉中太守王升撰文，是一篇赞颂顺帝初年的司隶校尉杨孟文数次上疏奏请修褒斜道及修通褒斜道的功绩的颂词。杨孟文，名涣，字孟文，东汉楗为郡武阳（今四川眉山市彭山）人，生卒年不详，以清秀博雅著称。曾任尚书中郎、司隶校尉，任职期间，尽职尽责，为百姓做了很多好事，得到百姓很高赞誉。开凿石门之举，早在汉高祖刘邦时期就开始了，只是没有完成。《开通褒斜道刻石》明确记载，东汉明帝永平六年至九年（63—66），汉中太守鄐君最后完成了开通褒斜、石门的任务。后因安帝初年屡遭战乱毁坏，石门阻塞不通。顺帝初年，经杨孟文再三上表奏请，才又重新修通了褒斜、石门。所以说，杨孟文与石门的首次开通，是没有直接关系的。

《鄐阁颂》(局部)

《西狭颂》(局部)

《石门颂》(局部)

《石门颂》作为身处陕西汉中这样一个穷乡僻壤的摩崖石刻，在书法史上具有重要意义。它与陕西略阳的《鄐阁颂》、甘肃成县的《西狭颂》并称为"东汉三颂"。《石门颂》书刻23行，满行30字或31字，布局大致齐整，显露出一种精心的安排。我们不知道当时是怎样把字书写在石壁上的，也许是刻字高手未经书丹，直接对石而刻。试想一个刻手腰系绳索垂吊于危崖之上，还能从容不迫地凿刻出如此绝妙的书法作品，怎能不让人敬畏。刻石留给我们的遐想，让心绪去追越吧。它给予我们的审美感受，至今仍让我们膜拜不已。

《石门颂》的艺术成就，历来评价很高。其结字极为放纵舒展，体势瘦劲开张，意态飘逸自然。多用圆笔，起笔逆锋，收笔或回或挑，中间运笔遒劲沉着，所以笔画古厚含蓄而富有弹性。通篇看来，字随石势，参差错落，纵横开阖，洒脱自如，意趣横生。《石门颂》为汉隶中奇纵恣肆一路的代表，所以有"隶中草书"的称谓。一方面，它具有汉隶的典型风格，字形扁方，转折、波挑较为明显，反映出中国文字和书法发展史上由篆到隶的演变过程；另一方面，表现为符号化、抽象化、造型的浪漫性和装饰意味及用笔上的抒情与夸张——节奏感、运动感的强化，体现了书刻者书法表现意识的进一步觉醒。其碑额"故司隶校尉楗为杨君颂"细长舒展的用笔，朴茂稚拙的结体，随意而不拘形迹的山林趣味，浑厚高古，疏秀灵动，别具一格。清人杨守敬在《平碑记》中说："其行笔真如野鹤闲鸥，飘飘欲仙，六朝疏秀一派，皆从此出。"《石门颂》兼有篆书的用笔、隶书的结体、草书的情趣，集清、奇、古、厚于一身，对后世影响很大。

先看《石门颂》的用笔。中锋用笔的圆融与舒展，和《开通褒斜道刻石》以篆写隶的笔法是相通的，虽然表面看来，线条并不粗壮，但给人的感觉则是浑厚奔放、疏秀挺劲的，具有篆籀之气。整篇刻石书法以圆笔为主，又巧妙地将方笔与圆笔整合，富于变化。逆锋起笔，含蓄蕴藉，行笔劲缓，肃穆敦厚；收笔时回挑，少有碑刻隶书中的"雁尾"。全文有波磔的字近百个，像"道""通""建"等字的走之底，"定""废"等字的捺画，"成""咸""或"等字的戈钩，或劲勒，或飞掠，自由起伏，姿态飘逸，变化微妙。简单的横、竖笔画，也有波澜起伏之势。峭壁摩崖上的刻石书法和碑刻书法是不一样的，在凹凸不平的石面上率性书写凿刻，无论是有形空间还是无形空间，崖壁为恣肆的笔势运动提供了自

中锋用笔，逆锋起笔。行笔劲缓，收笔回挑，但很少顿笔"雁尾"出锋。线条圆劲，以篆写隶，所以有篆籀之气。

由驰骋的天地。粗犷的线质，又经过大自然风化及人工捶拓等因素，拓片文字效果斑驳漫损，天然质朴，极具金石篆籀气韵，可谓超神入妙、变幻莫测、出奇制胜。

再看《石门颂》的结字。刻石的文辞是当时汉中太守王升撰写的，由他手下的一个叫王戒的书法家书写。因为刻在凹凸不平的石门隧道山崖上，所以王戒在字形处理上也使用了很多灵活的方法。也许受到石面效果的限制，几乎所有的笔画都有一定的弧度，用笔方向上也有变化，多取曲势。在结字处理上，大致保持扁方的横势结体。增长横向笔画，压缩竖向笔画，强调隶书的特征笔画，左挑右波，增加横势。《石门颂》的结字放纵舒展，体势瘦劲开张，意态飘逸自然。从某种意义上说，奇逸的用笔决定了其结字的某些特征。我们看《石门颂》的结字开张纵逸，具有放射性，其实它所用的线条都是射线，而不是线段。线段是两点间距离，其长度受到两个端点的限制；而射线是从一点出发，可以无限延长的。所以《石门颂》的结字，给我们以左右开张，向两面延伸的放射感觉。

用笔多取曲势，造型左右伸展，加长横向笔画，压缩竖向笔画，增强了左挑右波的横向态势。

一般隶书的横折笔处都是用两笔搭接，竖起笔藏于横画之中，这种方法叫内接法。《石门颂》的横折笔也是横竖两笔写成，但都是外接（竖画起笔处在横画的外端），横竖笔画不相连接。《石门颂》不但用笔保留篆书的藏锋与回锋，部分字形也保持着篆书的偏旁与结构。

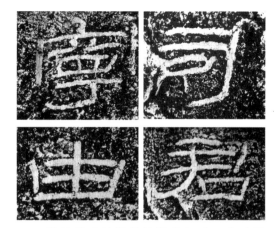

横折笔画的横竖搭接处断开，分两笔写成，且竖的起笔比转折处的横画要高。

再看《石门颂》的章法。由于刻石受到天然崖石裂缝、石筋的影响，书刻时多有避让，造成行款有些变化，文字也有大小参差的局面。但从整体章法上来看，横竖基本成行，点画轻重比较一致，行间距离比较接近，浑然一体。既有字法、章法处理的规范与统一，又变化错落，不失灵动自然，奇趣横生。字的大小长短自然安置，匠心经营，各得其态，文中"竭""诚""丽""焉""安""阳"等字较大，但不失整篇的和谐之气，其大小也是因石而变。"命""升""诵"三字的末画垂笔太长，这在汉隶刻石中

《石门颂》中有些字保留着篆书结构造型，部分字形还保持着篆书的偏旁。

是罕见的。翁方纲在《两汉金石记》中说："命"字垂笔长过一两个字，是因为石头纹理剥裂，不好书写而接笔才使笔画下垂的，这不能作为学习隶书的法则。我们认为这种说法不太确切，除"命"字之外，"诵""升"的末笔也都相当长，其实这种写法是受汉代竹简帛书的影响所导致的。试看汉砖、瓦中的刻字，这样的笔画也很多，体现了汉代人结字大胆放纵、飘逸新奇的风韵。

《石门颂》被称为"隶中草书"，隶书讲究方正、规整，重"法度"，草书则重"情""势"。《石门颂》继承与发挥了秦汉简牍遒劲而不失真率洒脱的遗风，是它的"情"；结字依线条的伸缩、参差、转折变化，笔断意连、伸展自由、宽广博大，是它的"势"。这种"情""势"交融的写意风格，已成为书法家适意性情追求的最高境界。学习《石门颂》易被其笔画上的微妙波势所迷惑，书写时故意抖动毛笔，产生一种看似有金石味的线条，这种毛病一定要克服掉。学习《石门颂》要做到"遗形取神"，不但形似，更重要的是要神似，"神"是我们学习书法要抓住的东西。清人刘熙载讲"汉碑气厚"，今人李泽厚讲"气势与古拙"，道出了汉隶的基本精神。隶书点画劲健沉厚的运动力量，恢宏雄浑的气势和质朴的风致，体现了汉民族精神与中国气魄。我们学习隶书不但要把字写好，更重要的是能提高个人气质，增加健康向上的胆魄。清人张祖翼在《石门

三个字的末笔竖太长，要占两字的位置，是受汉简帛书字形的影响。

颂》的跋中说：学习汉碑的人很多，竟然没有人能学好《石门颂》，因为它雄厚奔放的气势，胆怯的人不敢学，力弱的人又不能学。所以说，学《石门颂》既不能胆怯，又不能力量弱小。

（文/梁德水）

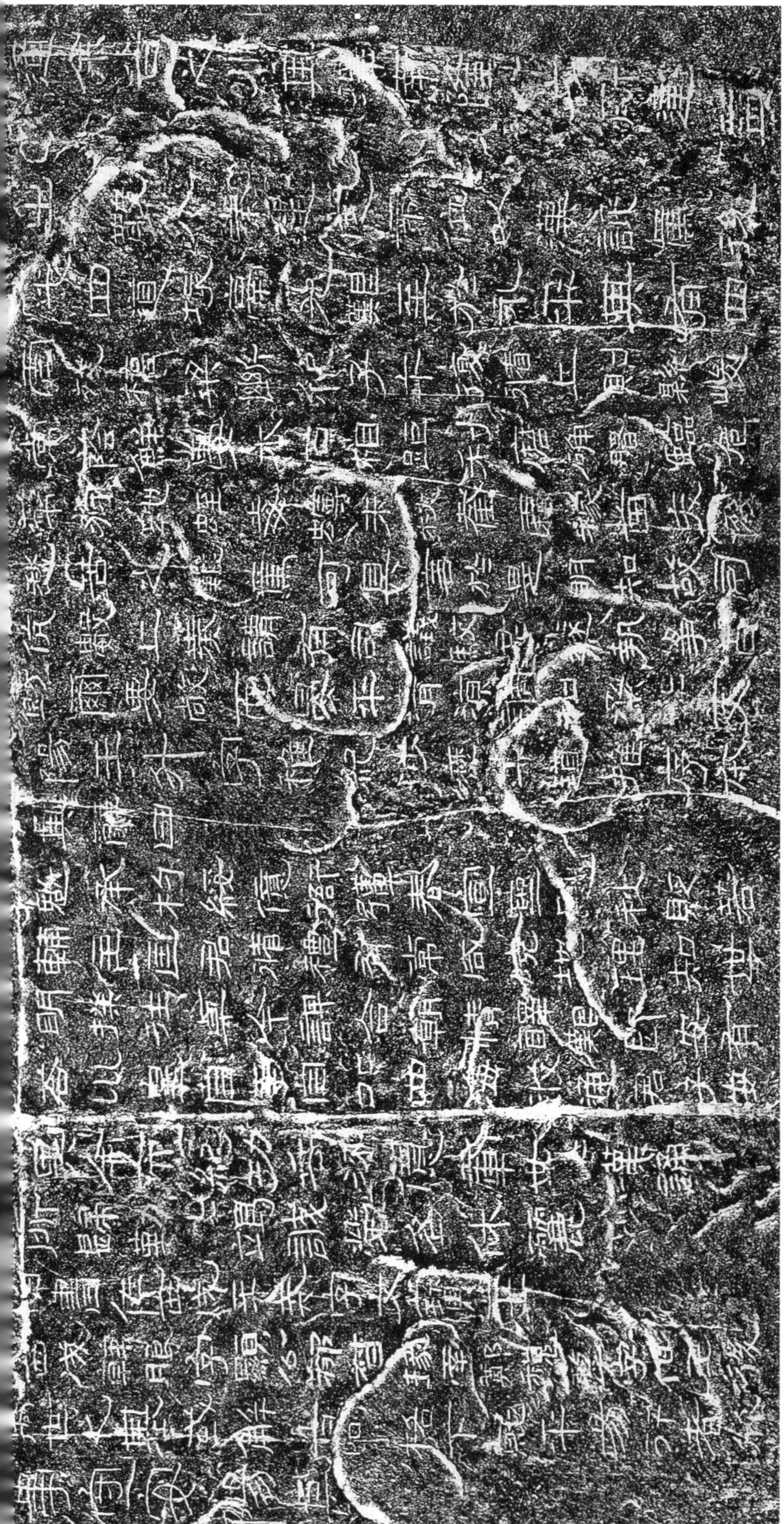

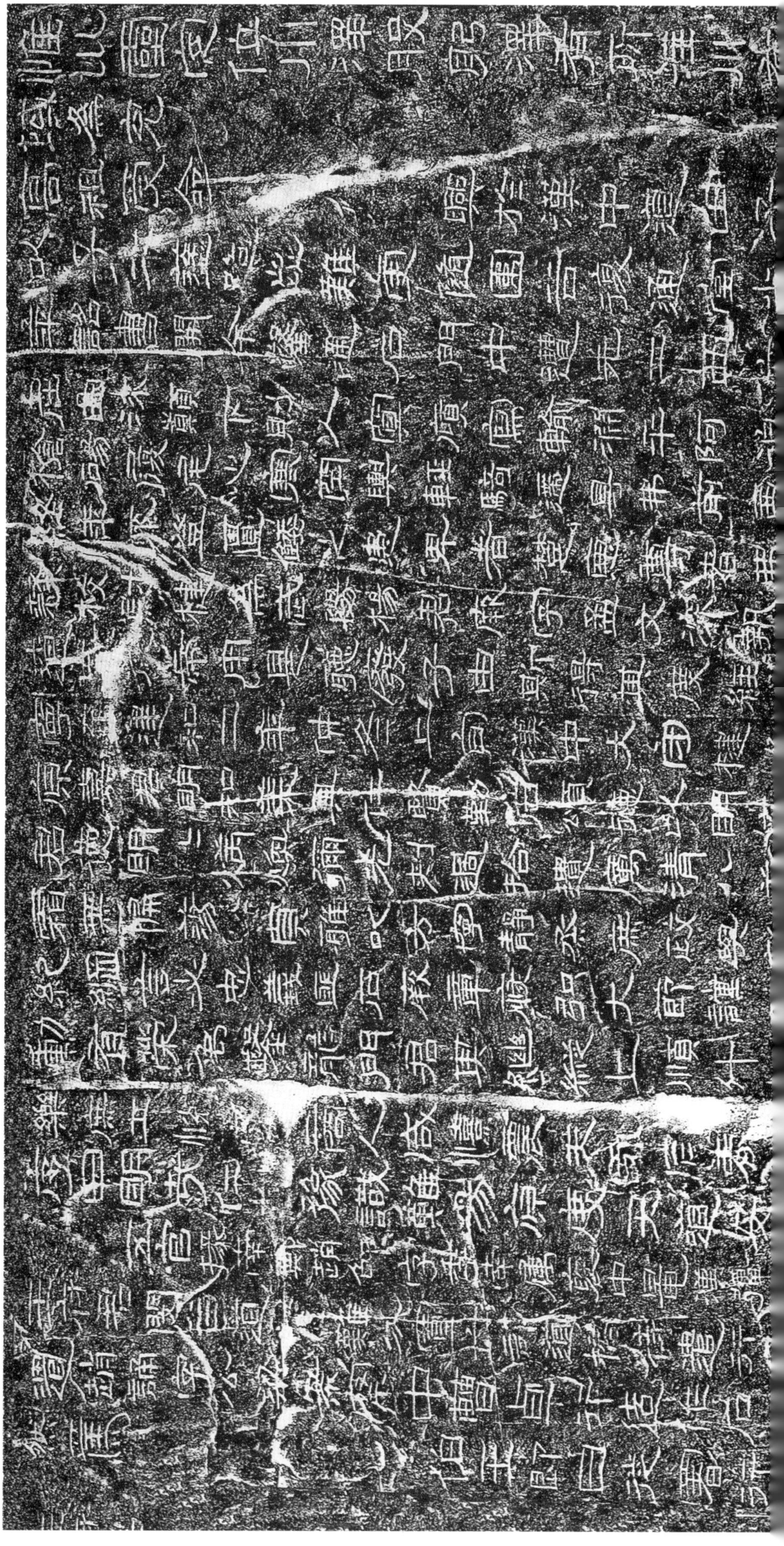

故司隶

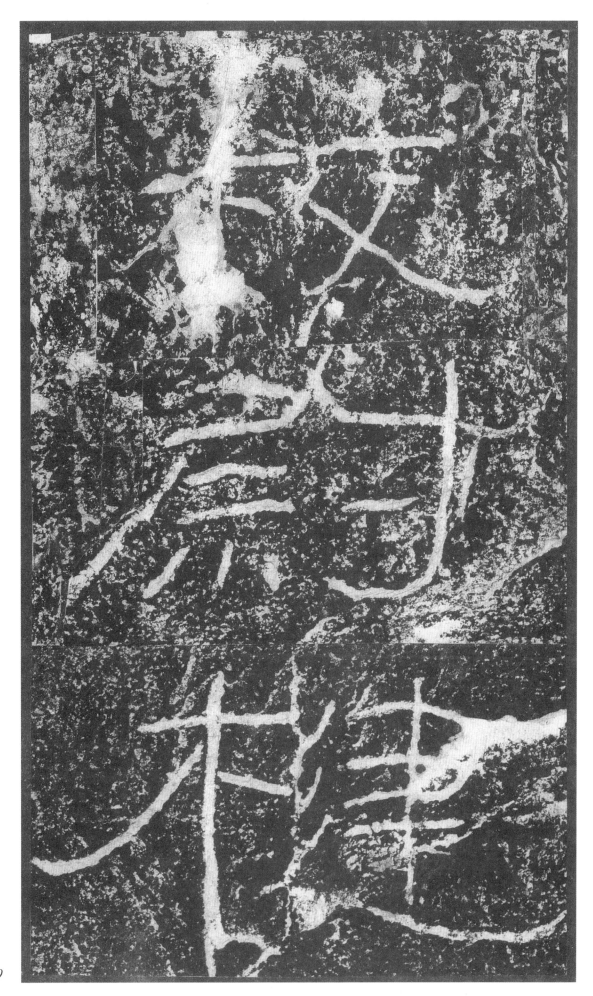

校尉楗

为杨君

惟巛（坤）灵定　位川泽股

躬泽有所　注川有所

通余谷之　川其泽南

15

充高祖　受命

兴于汉中　道由子午

出散入秦　建定帝位

以汉诋焉　后以子午

途路岊难　更随围谷

埃帚尤艰　　至于永平

凿通石门　中遭元二

西夷虐残　桥梁断绝

子午复循　上则县峻

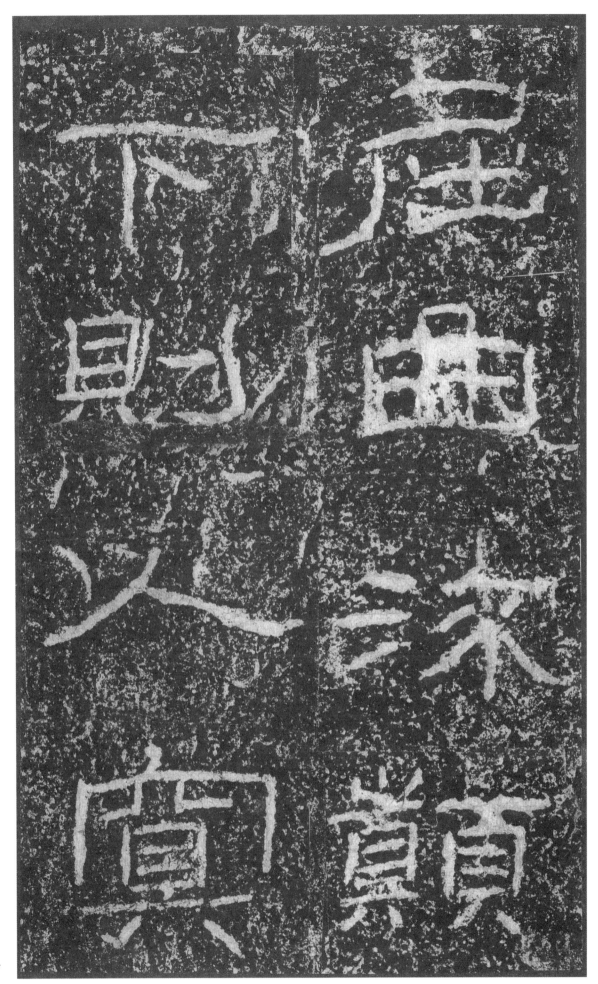

屈曲流颠　下则入冥

颓写输渊　平阿淀泥

常荫鲜晏　木石相距

利磨确磐
临危枪砀

滞碍弗前　恶虫蔽狩

蛇蛭毒蟃　未秋截霜

33

稼苗夭残　终年不登

匮餧之患　卑者楚恶

尊者弗安　愁苦之难

焉可具言　于是明知

故司隶校　尉楗为武

阳杨君厥　字孟文深

执忠伉数　上奏请有

司议驳君　遂执争百

辽咸从帝　用是听废

子由斯得　其度经功

饬尔要敞　而晏平清

44

凉调和烝　烝艾宁至

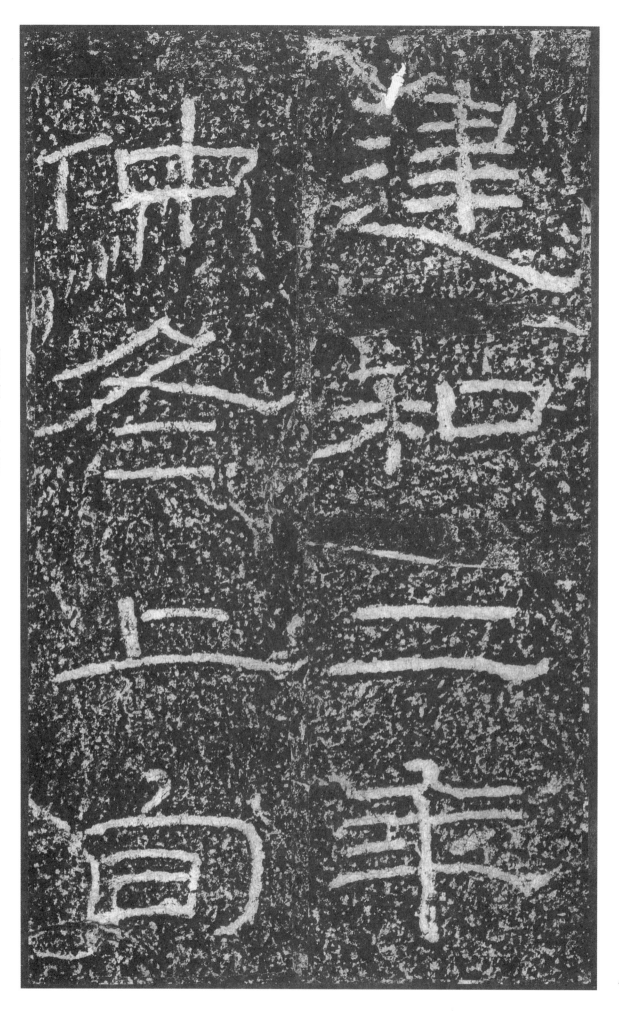

建和二年　仲冬上旬

46

汉中大守　楗为武阳

王升字稚　纪涉历山

49

知美其仁 贤勒石颂

德以明厥　勋其辞曰

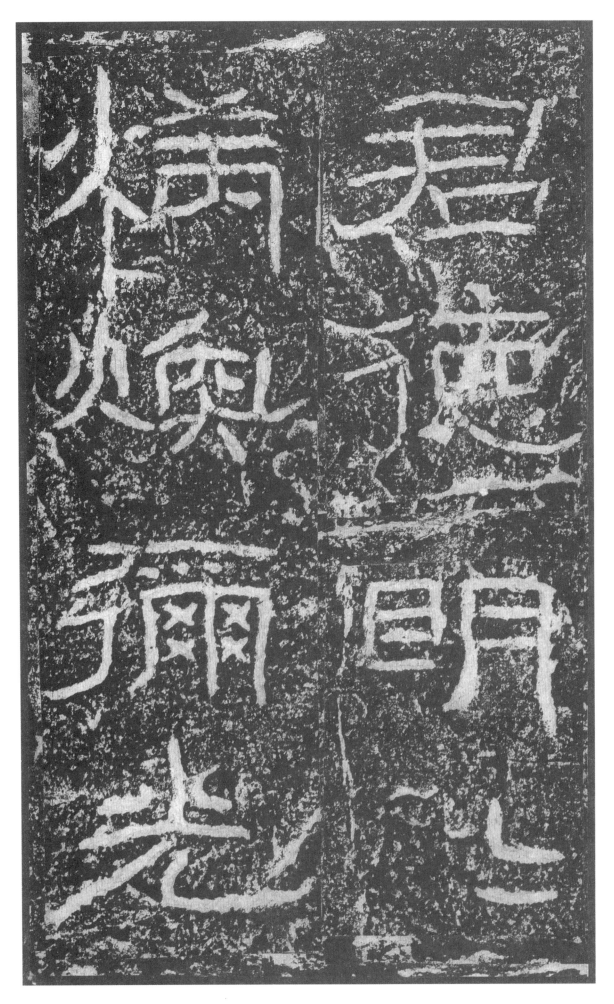

君德明明　炳焕弥光

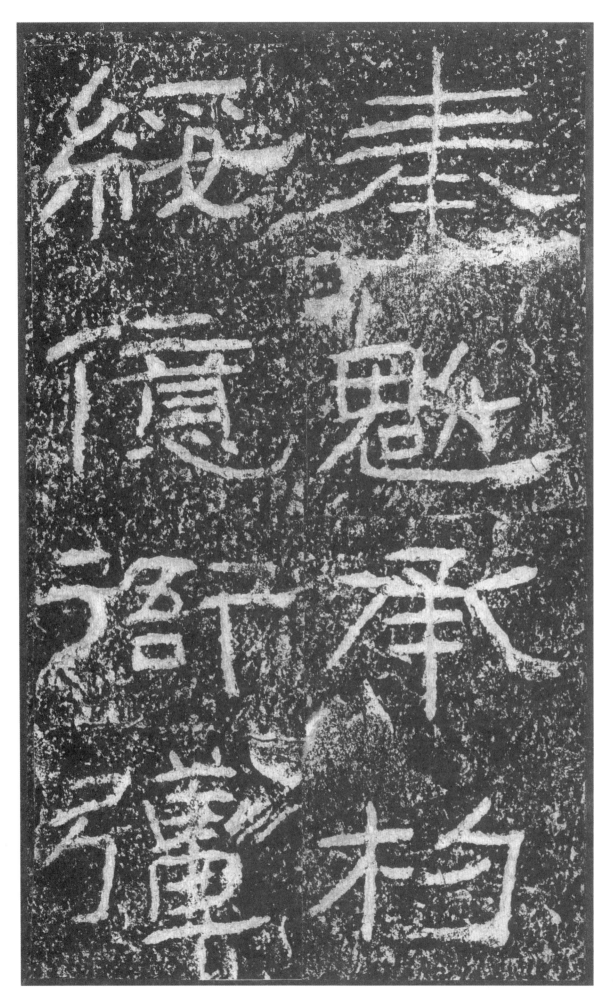

奉魁承杓　绥亿衙强

54

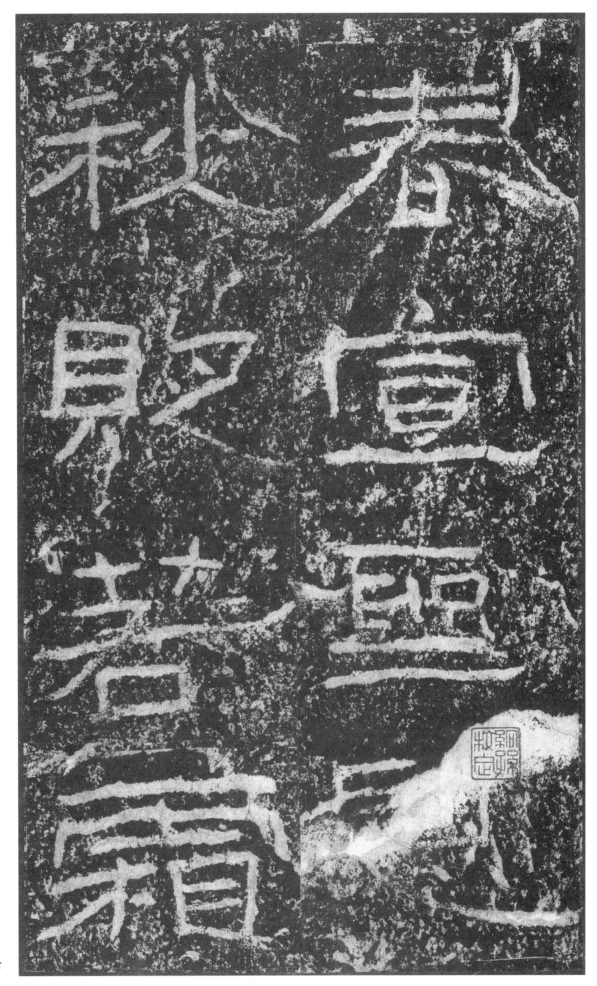

春宣圣恩　秋贬若霜

无偏荡荡
贞雅以方

宁静烝庶　政与乾通

辅主匡君　循礼有常

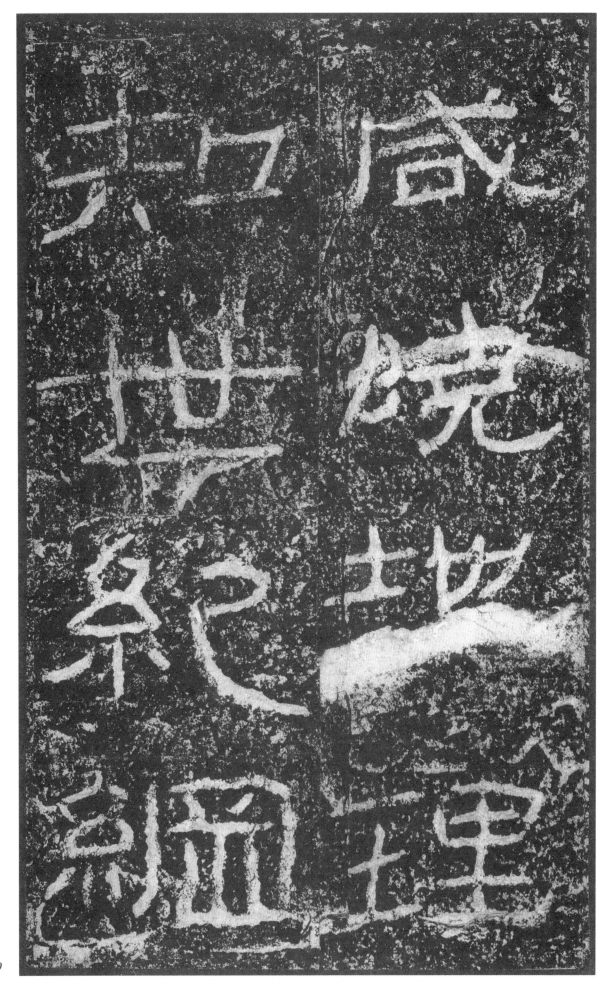

咸晓地理　知世纪纲

言必忠义　匪石厥章

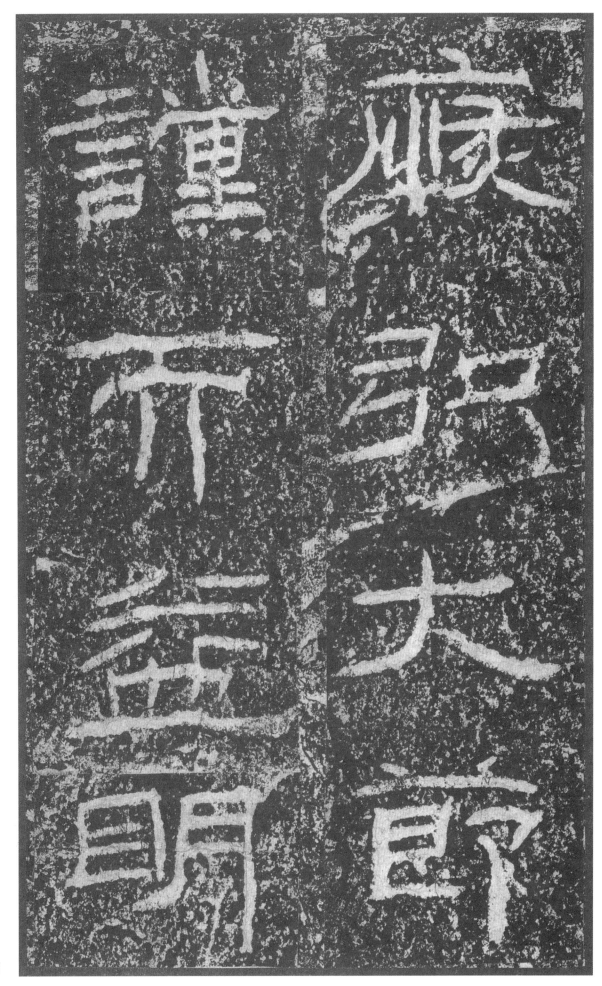

恢弘大节　谠而益明

61

摸往卓今　謀合朝情

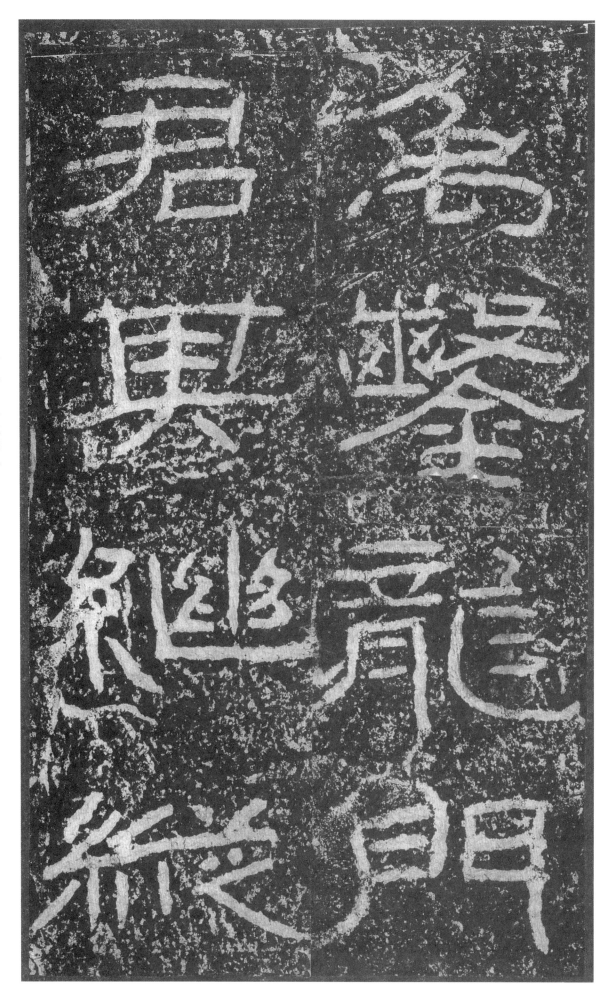

禹凿龙门　君其继纵

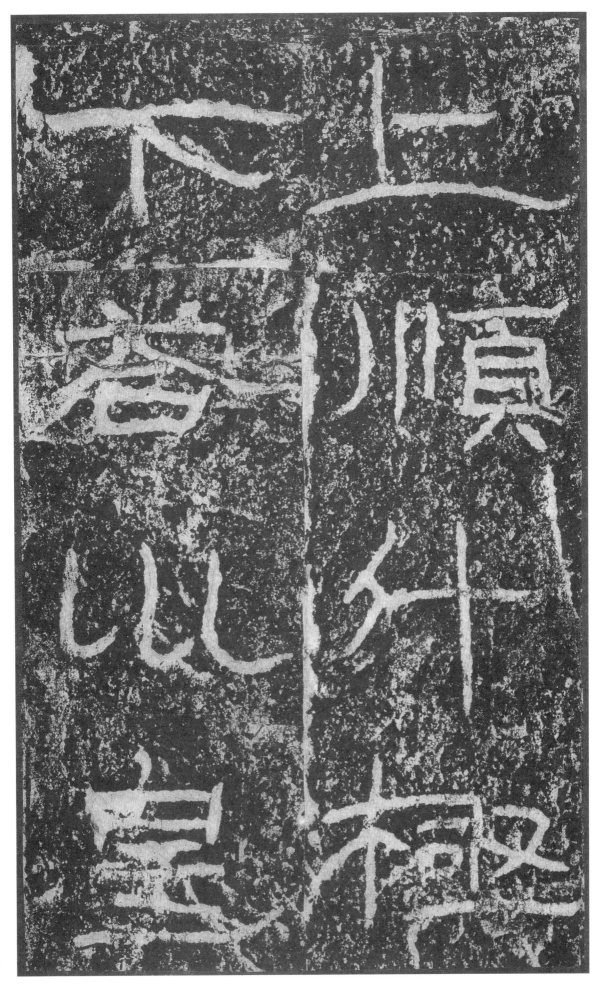

上顺斗极　下答巛（坤）皇

自南自北　四海攸通

君子安乐　庶土悦雍

商人咸憘　农夫永同

春秋记异　今而纪功

垂流亿载　世世叹诵

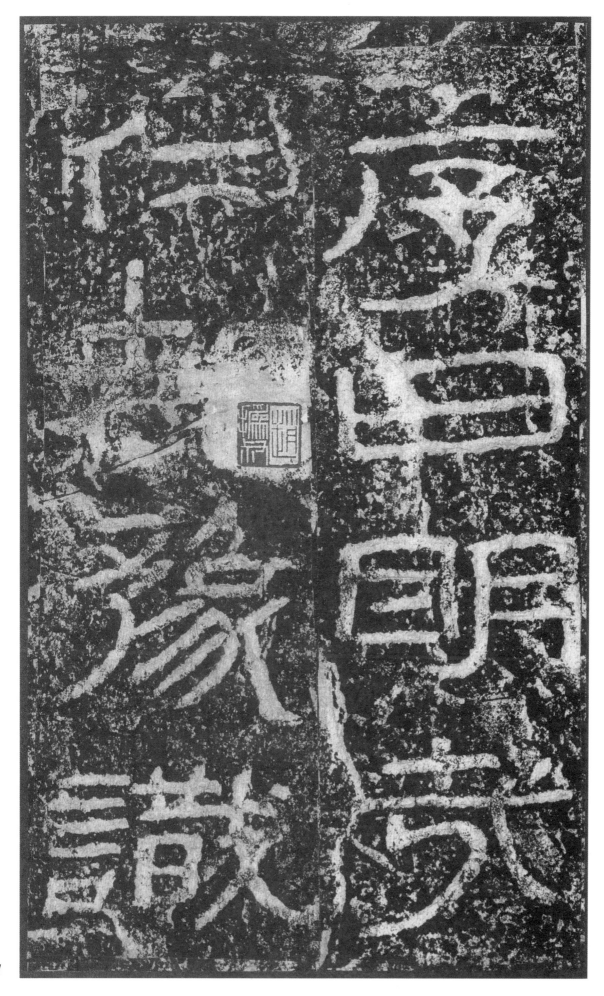

难易原度 天道安危

所归勤勤　竭诚荣名

休丽　五官掾南

主　王府君闵

道桥特遣　行丞事西

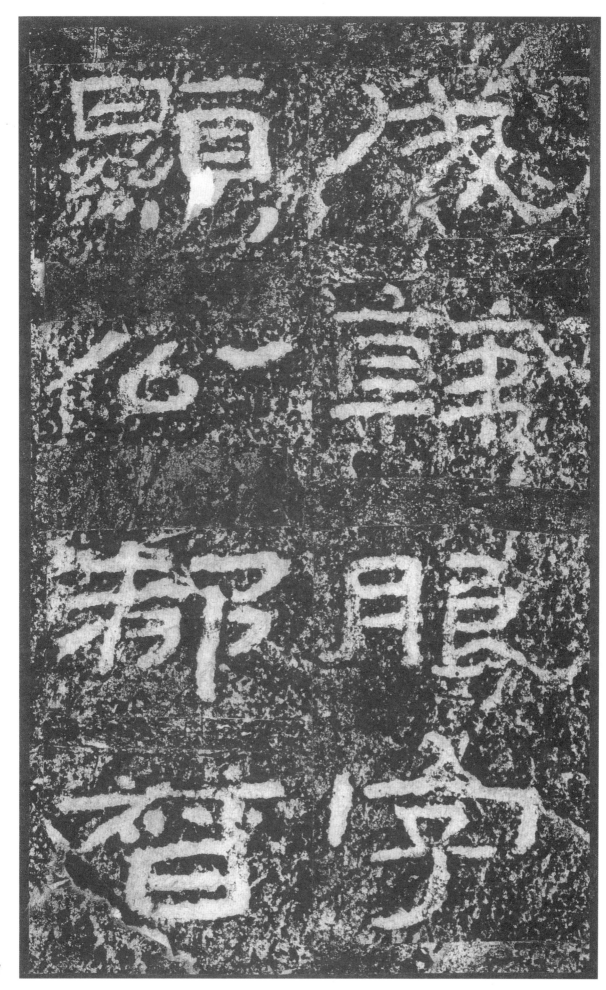

掾南郑巍　整字伯玉

察中曹卓　行造作石

積万世之　基或解高

格下就平　易行者欣

然焉　伯玉即日

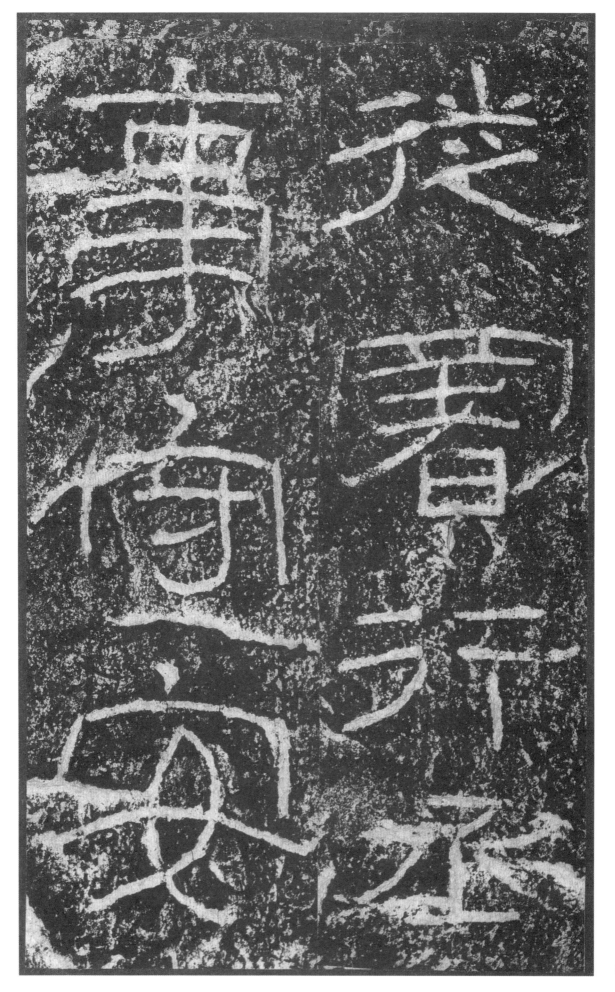

徙署行丞　事守安

阳
长

石门颂

故司隶校尉楗为杨君颂。

惟巛灵定位，川泽股躬。泽有所注，川有所通。余谷之川，其泽南隆。八方所达，益域为充。高祖受命，兴于汉中。道由子午，出散入秦，建定帝位，以汉诋焉。后以子午，途路圪难。更随围谷，复通堂光。凡此四道，垓鬲尤艰。至于永平，其有四年。诏书开余，凿通石门。中遭元二，西夷虐残。桥梁断绝，子午复循。上则县峻，屈曲流颠。下则入冥，倾写输渊。平阿涹泥，常荫鲜晏。木石相距，利磨确磬。临危枪砀，履尾心寒。空舆轻骑，滞碍弗前。恶虫蔽狩，蛇蛭毒蟃。未秋截霜，稼苗夭残。终年不登，匮馁之患。卑者楚恶，尊者弗安。愁苦之难，焉可具言，于是明知故司隶校尉楗为武阳杨君，厥字孟文，深执忠伉，数上奏请。有司议驳，君遂执争。百辽咸从，帝用是听。废子由斯，得其度经。功饬尔要，敞而晏平。清凉调和，烝烝艾宁。至建和二年，仲冬上旬，汉中大守楗为武阳王升，字稚纪，涉历山道，推序本原。嘉君明知，美其仁贤。勒石颂德，以明厥勋。其辞曰：

君德明明，炳焕弥光。刺过拾遗，厉清八荒。奉魁承杓，绥亿衡强。春宣圣恩，秋贬若霜。无偏荡荡，贞雅以方。宁静烝庶，政与乾通。辅主匡君，循礼有常。咸晓地理，知世纪纲。言必忠义，匪石厥章。恢弘大节，说而益明。揆往卓今，谋合朝情。释艰即安，有勋有荣。禹凿龙门，君其继纵。上顺斗极，下答巛皇。自南自北，四海攸通。君子安乐，庶土悦雍。商人咸憘，农夫永同。《春秋》记异，今而纪功。垂流亿载，世世叹诵。

序曰：明哉仁知，豫识难易。原度天道，安危所归。勤勤竭诚，荣名休丽。

五官掾南郑赵邵字季南，属褒中晁汉强字产伯，书佐西成王戒字文宝主。

王府君闵谷道危难，分置六部道桥，特遣行丞事西成韩朗字显公、都督掾南郑巍整字伯玉。后遣赵诵字公梁、案察中曹卓行，造作石積，万世之基。或解高格，下就平易，行者欣然焉。伯玉即日徙署，行丞事，守安阳长。